AF497357

# TROISIÈME NOTE



SUR

## L'ARCHITECTURE DE L'ORDRE DE GRANDMONT

ADOLPHE DE DION

---

# TROISIÈME NOTE

SUR

## L'ARCHITECTURE DE L'ORDRE DE GRANDMONT

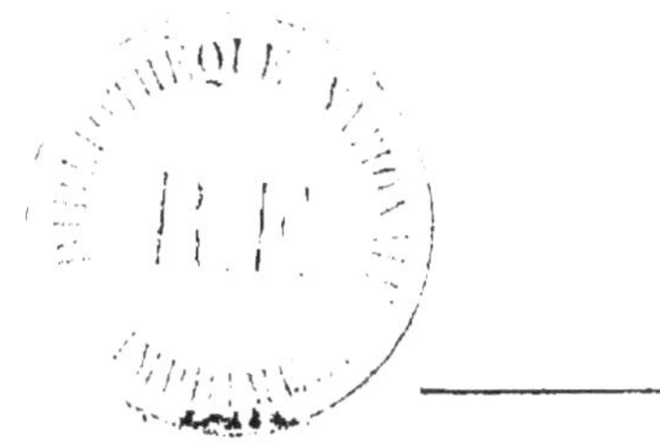

---

EXTRAIT DU *Bulletin Monumental*

1877-1878.

---

TOURS

IMPRIMERIE PAUL BOUSEREZ

5, RUE DE LUCÉ, 5

# TROISIÈME NOTE



## L'ARCHITECTURE DE L'ORDRE DE GRANDMONT

La liste des prieurés de l'ordre de Grandmont, publiée par M. L. Guibert et par moi, dans les derniers numéros du *Bulletin monumental* (1), ne donne, sur la plupart d'entre eux, que des indications sommaires et incomplètes. Heureusement la nature d'un recueil comme celui-ci permet de revenir sur un sujet déjà traité pour compléter et rectifier un premier article. Je vais user de ce privilége pour ajouter des détails sur quelques-unes de ces maisons. Ils me sont fournis par plusieurs correspondants que je ne puis mieux remercier qu'en utilisant leurs notes.

M. Guibert m'écrit que, dans une longue tournée dans la Haute-Vienne et dans la Creuse, il a pu visiter plusieurs celles de l'ordre de Grandmont; qu'il n'a trouvé le plus souvent que des débris, mais que partout il a pu constater cette simplicité exagérée dont parle M. de Verneilh à propos de Badeix. A Trézen, la simplicité devient de la rudesse (voir n° 143). La chapelle n'est qu'une salle rectangulaire couverte d'une voûte de bois et ajourée au pignon de trois fenêtres longues et étroites, celle du milieu plus haute que les autres. Ce type, non encore

(1) 1874, p. 566. — 1876, p. 246 et 310.

signalé, répond aux premières années d'austérité de
l'ordre.

4. BERSAY (1). M. l'abbé R. Charles m'écrit : « Le prieuré,
de Bersay, dans la forêt de ce nom, commune de Saint-
Mars-d'Outillé et *non de Marigné*, était la maison de
l'ordre de Grandmont, la plus importante de nos envi-
rons. M. Cauvin (*Statistique de l'arr. du Mans*, 78) et
Pesche (*Dict. de la Sarthe*, V. 463) datent la fondation de
1163, année dans laquelle Henri II fit venir dans le monastère construit par lui, les religieux de Saint-Étienne-
de-Muret. Comme la forêt de Bersay ne lui appartenait
qu'en tierce partie, le frère Bernard et les religieux réunis
à Bersay durent demander la possession complète de leur
enclos aux deux autres co-propriétaires, l'évêque et le cha-
pitre du Mans. En 1168, l'évêque Guillaume de Passavant
et le doyen Philippe, accordèrent à Pierre, prieur de
Grandmont, la cession de tous les droits qu'ils pouvaient
avoir sur l'enclos du monastère (D. Briand. *Cenomannia*.
Mss. à la bibl. du Mans).

« Après Henri II, le roi Richard confirma la fondation
de son père en ajoutant de nouvelles terres. Une lettre du
roi Jean, du 19 avril 1203, prescrit de rendre tout ce qui
a été pris à la maison de Bersay, *de Burceio*, ordre de
Grandmont (Bibl. de l'école des Chartes, t. XXXIV,
p. 329).

« Les principaux bienfaiteurs du prieuré furent Hame-
lin, évêque du Mans, qui, s'étant démis de son évêché en
1214, s'y retira et fut, quatre ans plus tard, enseveli dans
le chœur de la chapelle ; Guillaume d'Oustillé, Richard
d'Ardenay, Rotron IV de Montfort, Julien de Mayet, etc.

_____________

(1) Le numéro placé en tête de chacune des notes qui vont
suivre permet de se reporter à la liste précédemment publiée.

« En 1317, Bersay fut conservé et on y réunit la Hubaudière (106). En 1630, il fut uni au prieuré de la Primaudière (128). Ces deux maisons produisaient 4,000 livres pour le prieuré, 2,000 livres restant au couvent. Vers 1753, la mense conventuelle fut donnée au collége de l'Oratoire, au Mans; en 1786, le prieuré fut totalement supprimé et ses biens donnés à la congrégation de l'Oratoire. Le couvent fut aliéné à la Révolution et à la chapelle totalement détruite. Il reste une salle voûtée, d'une structure assez curieuse, qui passe pour avoir été la cuisine. »

5. LE BOIS D'ALONNE. Henri II, roi d'Angleterre, fut un des principaux bienfaiteurs de ce prieuré. En 1317 on y réunit les maisons de Bonneray (57) et de Chassay (74); Eustache du Bellay, évêque de Paris de 1551 à 1554, fut prieur de Louye et d'Alonne.

6. BOIS-RAHIER. En 1317, on y réunit deux autres prieurés du diocèse de Tours, Clairefeuille (77) et Montaussan (117); il devint au XVIII⁰ siècle la maison de campagne des archevêques de Tours (M. Nobilleau).

14. L'ENFOURCHURE, à Dixmont, canton de Villeneuve-sur-Yonne, fut fondée en 1209, par Guillaume I⁰ʳ, comte de Joigny. En 1317 on y réunit les prieurés de Ligny, au diocèse de Langres (110), et de Traxs, au diocèse de Sens (142). Dans une visite de 1496 il est dit : *Ecclesia portendit ruinam.* Aussi fut-elle reconstruite au XVI⁰ siècle, ainsi qu'une grande partie des bâtiments. Nous devons à M. l'abbé Pissier la description de ces belles ruines, ainsi que le plan et les dessins ci-joints. A la construction du XIII⁰ siècle appartiennent une jolie porte latérale de l'église et les parties du rez-de-chaussée dont les fenêtres sont en plein cintre. L'église a 41 mètres de longueur dans œuvre sur 6ᵐ50 de large. Elle était coupée en deux par un mur qui ne laisssait qu'une étroite arcade pour communiquer

de la nef au chœur, et contre lequel s'appuyaient deux
autels latéraux accompagnés de crédences. Le vaisseau
était largement éclairé, non - seulement par les trois
fenêtres de l'abside et par une autre fort grande au pignon,

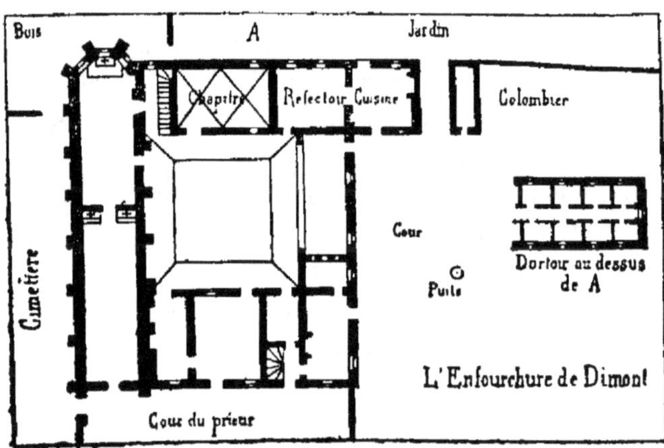


mais encore par des fenêtres latérales à meneaux flam-
boyants. La voûte, à nervures et non plus en berceau,
retombait sur des consoles ornées de bustes d'anges tenant
des banderoles.

Au sud de l'église se trouve le cloître; l'escalier du dortoir touche le chœur dans lequel une porte permet d'entrer
directement; puis viennent la salle capitulaire de 10 mètres
sur 7, dont les voûtes ne se sont effondrées qu'en 1870, le
réfectoire et à sa suite la cuisine. Le dortoir, placé au-dessus
de ces pièces, se composait de deux rangs de huit cellules
de chaque côté, et d'un couloir central de 1ᵐ60 de large.
Chaque cellule était éclairée par une petite ouverture car-
rée et avait 3ᵐ30 de long sur 2ᵐ70 de large. Un colom-

L'Enfourchure. — Côté de l'ouest.

bier rectangulaire était placé dans le prolongement de cette aile, mais séparé par un espace vide dans lequel probablement se trouvaient les latrines.

De l'autre côté du cloître, le long de la nef, une étroite pièce voûtée paraît avoir servi de sacristie. Suit une grande salle, également voûtée, puis les appartements du prieur, reconstruits au XVI⁰ siècle. Le quatrième côté n'offre plus que des ruines.

A la rencontre du bâtiment du dortoir avec l'abside de l'église, l'appui d'une étroite fenêtre grillée porte une inscription en caractères du XVII⁰ siècle: CY BAS SE TROUVE... le reste est martelé. Or, à l'intérieur, sous cette fenêtre, un étroit conduit permet de se laisser glisser dans un caveau sans jour, voûté en berceau et qui a 3ᵐ10 de long sur 2ᵐ30 de large et 2ᵐ10 de haut. Il s'étend sous le sol extérieur et sous les fondations de l'abside dont il est au moins contemporain. Cette position fait hésiter à y voir une fosse d'aisance, quoiqu'il ait eu cette destination à une époque récente. M. Pissier incline à y reconnaître un cachot ou *Vade in pace;* je pencherais plutôt pour une cachette qui aurait servi à protéger les reliques du monastère dans un moment de troubles.

M. d'Eichthal, propriétaire actuel de l'Enfourchure, y a fait faire des fouilles qui n'ont donné que des débris de statues et le sceau du monastère. Il représente un personnage debout; la main droite sur la poitrine soutient un objet indéterminé ressemblant à un petit banc; la main gauche tient une croix à longue hampe. La légende consiste en ce seul mot DIMONE, en caractères du XIII⁰ siècle.

Dans les parties qui datent du XVI⁰ siècle, on voit à plusieurs endroits un écusson sculpté, portant sur un fond de gueules cinq fusées, ou losanges allongés accolés et formant une bande incomplète.

20. LA HAYE D'ANGERS. Le vrai fondateur de cette maison ne fut pas Henri II, mais Renaud, seigneur de Vou, près Loches, aidé de son frère Étienne, seigneur de Marcay dans le même pays, et sénéchal d'Anjou. Ce dernier fut également le fondateur de l'hôpital Saint-Jean, d'Angers; mais étant tombé en disgrâce, le titre de fondateur de ces deux établissements fut usurpé par les rois d'Angleterre. M. Marchegay a publié, dans la *Bibliothèque de l'École des Chartes* (t. XXXVI, p. 439), une bulle adressée par Clément III, le 9 mai 1188, à Renaud de Vou, pour confirmer, à sa prière, la fondation du prieuré de la Haye, *de Loïa*, bâti par lui, pour les frères de Grandmont, tant sains que lépreux.

« Clemens, episcopus servus servorum Dei, dilecto filio R. de Veo salutem et apost. benedictionem. Dignum, etc. quodcirca, dilecte in Domino fili, postulationibus tuis benignius annuentes, domum de Laia quod de propiis sumptibus construxistis et ordini fratrum Grandimontensium deputare proponeris, cum omnibus bonis. . . . . . . sub beati Petri et nostra protectione suscipimus. Specialiter autem redditus quod tu et S. frater tuus, eidem domui ad sustentandos fratres, tum sanos quam leprosos, contulisti. . . . . confirmamus. Etc. Datum Lateranis VII° idus maii, pontificatus nostri anno primo. »

(Orig. arch. de la Mayenne).

Selon M. Joanne, le prieuré de la Haye des Bons-Hommes est en ruine, sauf la chapelle entièrement peinte qui sert de magasin à foin.

24. SAINT-MAURICE DE VIEUPOU fut fondé en 1173, par Dreux de Mello, seigneur de Saint-Maurice, depuis connétable de France et châtelain de Loches. En 1317 on réunit à ce prieuré celui de Charbonnières, près Avallon (71), et celui de Charmes (73). D'après M. Pissier, ce qui reste de

ce monastère prouve qu'il avait la même disposition que les autres.

25. Le Meinel. Le cartulaire de l'évêché de Paris (Bibl. nat. Mss. lat. 5185, p. 135) renferme un accord du 12 novembre 1202 fait entre Philippe de Dreux, évêque de Beauvais, et Eudes de Sully, évêque de Paris, pour constater les limites de leurs diocèses *in loco de Moynel, a porte orientali prope caput ecclesie.* Quatre bornes furent plantées le long du ruisseau qui sort de l'étang des religieux. Ce dut être à partir de cet accord que ce prieuré fut compris dans le diocèse de Beauvais.

26. Saint-Michel de Lodève. On trouve, en outre de celles déjà indiquées, des vues de ce prieuré, dans le *Voyage pitt. dans l'ancienne France.* M. Renouvier en a fait l'histoire et la description; enfin M. Bourquelot a publié une note à son sujet dans le 21ᵉ volume des *Mém. de la Soc. des Antiquaires de France.*

28. Monguyon. Ce prieuré, m'écrit M. l'abbé R. Charles, se trouve à Placé, sur la lisière de la forêt de Mayenne. Il fut fondé en 1198, par Juhel III, seigneur de Mayenne. Richard Duboys, prieur en 1495, écrivit un recueil des affaires de son ordre dans le Maine et l'Anjou (Levesque, *Ann. Grandm.*, 326-396).

Un manuscrit relatif aux seigneurs de Mayenne, détérioré dans l'incendie du palais de justice et déposé depuis à la Bibliothèque nationale, contient, page 35, quatorze pièces relatives au couvent des Bons-Hommes de Montguyon (*Bibl. des Chartes,* t. XXXV, p. 323).

30. Notre-Dame-du-Parc-lès-Rouen. Les archives de la Seine-Inférieure renferment sur ce prieuré de nombreux documents dont je n'ai pu prendre qu'une connaissance sommaire. Un plan (D 262) nous montre que le parc des rois normands dans la forêt de Rouvray, devenu, en 1156,

par la donation d'Henri II, l'enclos du monastère occupait sur la rive gauche de la Seine, une grande partie du faubourg actuel de Saint-Sever. Il avait une étendue de 260 acres et était borné par le bras droit de la Seine (comprenant par conséquent l'île Lacroix) « à commencer au premier pilier du pont de pierre, exclu le dit pont, et dudit pont au pavé du roy et chaussée devant les Émmurées (rue Saint-Sever) et d'illec au chemin le long des murs dudit parc tendant à Sotteville, et à une sente tenant aux fossés dudit parc aboutissant à ladite rivière, compris une île et toute ladite rivière. » (D 235). Une charte de Philippe le Bel, vidimée par Philippe de Valois, confirme au prieuré : *totum parchum et totum nemus cum fundo terre in quo habitant, sicut exteriorum fossatorum clausura que est juxta regiam semitam circumquaque demonstrat per circuitum* (228).

Cette vaste propriété, à la porte de Rouen, et les droits qui en dépendaient, rendirent ce prieuré le plus riche de l'ordre. En 1317 on y réunit le prieuré d'Aubevoie-lès-Gaillon, au diocèse d'Évreux.

La chapelle existe encore, mais comme elle sert de poudrière, elle est inabordable. Ruinée au XV<sup>e</sup> siècle, elle fut reconstruite ou réparée en 1471 ; ruinée de nouveau lors du siége de Rouen par Henri IV, elle fut remise en état au XVII<sup>e</sup> siècle. L'abbé Cochet y signale des parties du XII<sup>e</sup> siècle ; d'autres disent qu'elle est en totalité du XVII<sup>e</sup>. Des plans assez grossiers levés en 1783, lorsqu'elle devint une poudrière, montrent qu'elle avait conservé la forme des chapelles de l'ordre. La nef, de 34 mètres de long, dans œuvre, a 6<sup>m</sup>50 à 7 mètres de large ; elle se termine par une abside ajourée de trois fenêtres, mais privée de ses colonnes contre-forts ; une porte s'ouvrait pour le public dans le flanc nord.

Un passage qui a dû remplacer l'escalier du dortoir,
sépare le chœur de la salle capitulaire. Celle-ci a ou *avait*,
car j'ignore si elle existe encore, 11 mètres de long sur
6^m50 de large; ses voûtes, à nervures, retombaient sur
deux piliers carrés, et cette disposition commune à d'autres
salles capitulaires de Grandmont permet de la faire remon-
ter à la première construction.

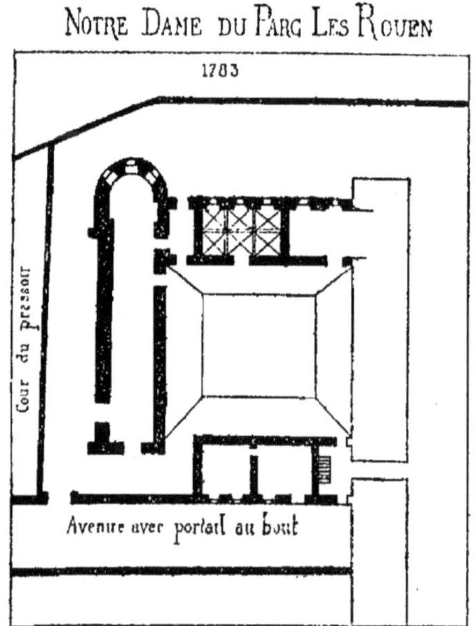


On a conservé (D 232) les comptes fort détaillés et très-
curieux de la réparation de 1471. L'architecte Pierre Le
Cinnere reçut pour ses soins, évalués un jour de travail
par semaine pendant un an, dix écus d'or valant 13 livres,
1 sol, 8 deniers. Le total de la dépense fut de 754 livres,
4 sol, 6 deniers. Un rapide examen m'a prouvé que la

maçonnerie n'entrait dans ce total que pour de faibles sommes. Les grosses dépenses sont : la charpente, 60 livres, outre de nombreux frais accessoires : 21 milliers d'ardoises coûtent 35 livres outre le transport; 2,500 livres de plomb coûtent 66 livres 16 sous; Michel Trouvé, verrier, reçoit pour la façon et matière de 792 pieds 10 pouces de verre pour vitrer la chapelle de Grandmont, 237 livres 7 sols. Ces 84 mètres superficiels de vitrage prouvent que l'édifice était largement éclairé de toute part. Le compte, qui contient une foule de menues dépenses, se termine par les honoraires de deux sermons prêchés, dans la chapelle réparée, le mardi 31 mars 1472, par un carme et le mardi suivant par un jacobin. La visite de 1498 mentionne que les bâtiments étaient en bon état, sauf le cloître, qui était détruit.

Le 31 octobre 1592, Jacques du Tillet, conseiller au parlement et prieur du Parc, ayant résolu de se faire chartreux, donna son prieuré aux Jésuites, après en avoir obtenu l'agrément du roi, pour les aider à établir un collége à Rouen. D'après cet acte, le monastère ne présentait que des ruines, ayant été démoli pendant le siége; il était cependant occupé par quatre prêtres, deux novices et un frère. Cette donation fut la source de procès interminables entre les Jésuites et les Grandmontains qui avaient conservé la mense conventuelle. Le collége de Rouen entretenait un chapelain, chargé de dire deux messes par semaine, dans la chapelle du Parc. Lors de la suppression de l'ordre, en 1770, les bâtiments et la mense conventuelle furent donnés au séminaire de Lisieux. Les administrateurs de cet établissement se hâtèrent de céder le monastère, par un bail de quarante ans, à partir de 1773, en donnant au locataire la permission expresse de démolir l'église et d'en employer les matériaux. Celui-ci, au lieu de la démolir, trouva plus avantageux de la vendre à l'État, en juillet 1783, pour y établir un magasin à poudre, mais en se réservant une partie des bâtiments. Il reçut un titre de 1,500 livres de rente. Lorsque le bail prit fin en 1813 la position de l'État, des héritiers et du séminaire de Lisieux fut régularisée, mais non sans difficulté.

33. RAROI. Se trouve dans la commune de Crouy-sur-Ourcq, canton de Lizy (Seine-et-Marne). En 1317, on y réunit les maisons de Savignies (135) et de Vassens (145), et il lui fut prescrit de s'entendre avec les maisons de Louye, Meneil et Vincennes pour entretenir à Paris un étudiant en théologie.

38. Les ruines du prieuré de VIAYE, fondé au XIII<sup>e</sup> siècle, se trouvent à Saint-Vincent, canton de Saint-Paulien (Haute-Loire). En 1317, on y réunit les maisons de Beaujeu (51), de Blandone (64), de Gurgy (104) et de Prunol (129).

39. VILLIERS. D'après M. Nobilleau, l'église et les bâtiments conventuels de cet important prieuré sont encore debout et en grande partie dans leur état primitif.

43. M. Guibert croit pouvoir identifier avec le prieuré d'ARVY celui de TOURVOIE, placé avec doute sous le numéro 168.

45. *Alnetum* est l'AULNOY, commune de Courchamps, près Provins.

57. Le nom latin de Bonneray est de *Bona Radice* et non *Radia*.

69. BOUILLÈRES, *de Brolorio,* est Embreuil, commune de Grézac, canton de Cozes (Charente-Inférieure), où le *Dictionnaire de Joanne* signale les ruines d'un monastère.

71. CHARBONNIÈRES, SAINT-JEAN DES BONS-HOMMES DE MONT-AVALLON. Les dessins de M. l'abbé Pissier nous dispensent de toute description.

Fenêtres du dortoir et coupe du mur.

On remarquera cependant, la rareté et l'étroitesse des ouvertures, qui ne sont que des meurtrières. Le plein cintre qui les termine est taillé dans une large pierre; les

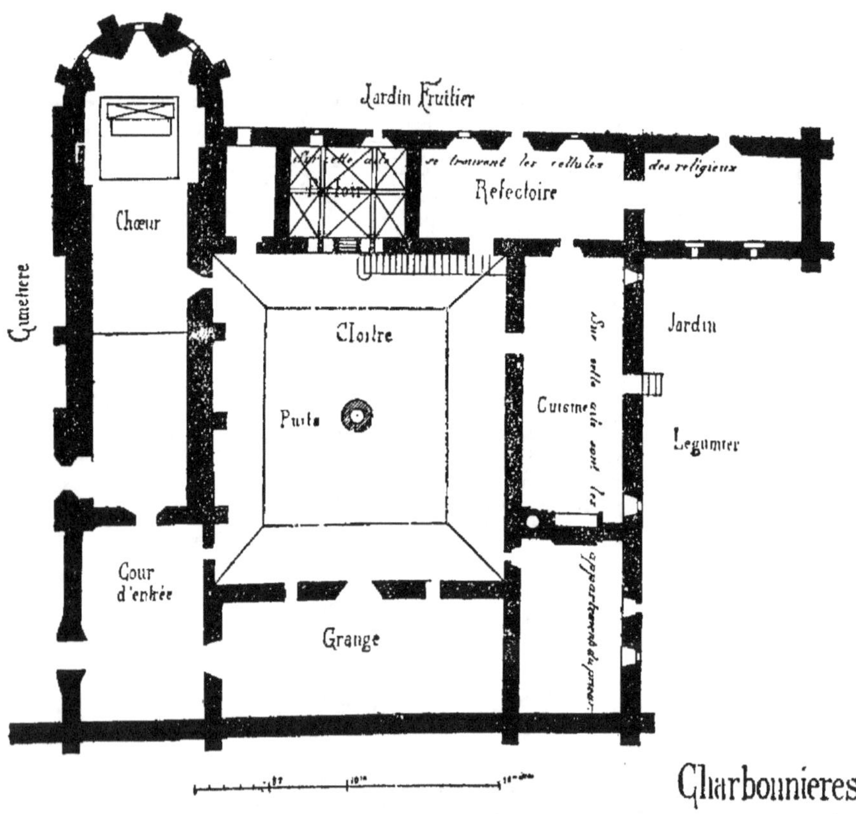


fenêtres de l'abside de la chapelle ont également leur plein cintre taillé dans trois pierres de taille. Comme les Grandmontains construisaient eux-mêmes leurs chapelles, il serait curieux de constater si ce procédé leur appartenait

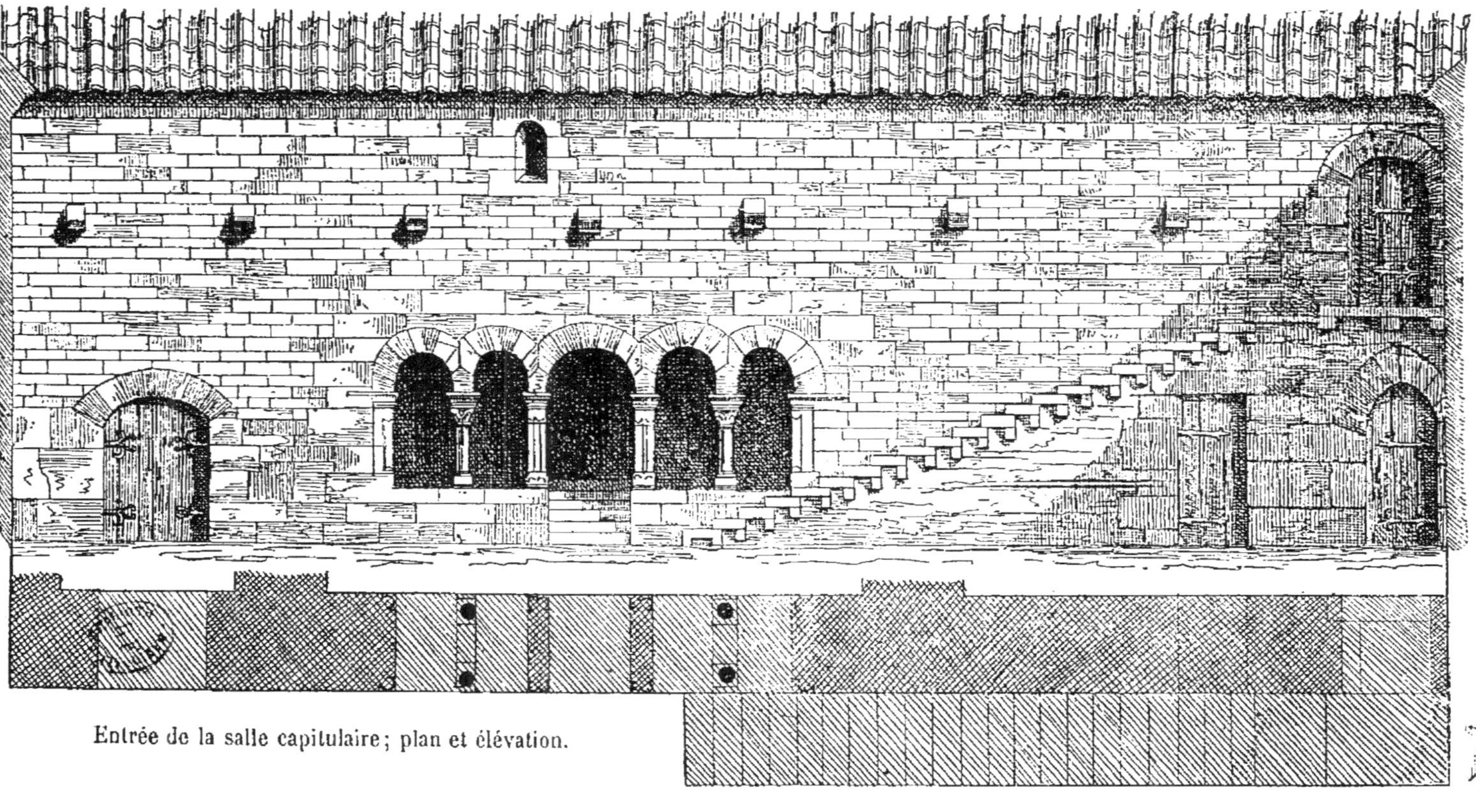

Entrée de la salle capitulaire; plan et élévation.

ou s'il se retrouve dans d'autres édifices de la même époque. Le dortoir n'avait de fenêtres que d'un côté; il en conserve une série de douze, qui devaient répondre à autant d'étroites cellules. Un long couloir n'était éclairé que par une petite meurtrière donnant sur le cloître. On y accédait par un escalier extérieur placé sous l'appentis du cloître, dont une grange forme le côté ouest; la cuisine, qui est très-vaste, occupe le côté méridional; au-dessus se trouvaient les appartements du prieur.

73. CHARMES est situé à peu de distance de Gannat (Allier).

74. CHASSAY est à Saint-Prouhant, près Thouars (Deux-Sèvres).

79. Le prieuré du CLUZEAU est à Meuzac non *Menzac*, canton de Saint-Germain (Haute-Vienne).

81. COMBE-ROMAL est probablement le même prieuré qu'*Aurea ventosa* (157).

85. L'ÉCLUSE-SAINT-MARC. M. Guibert m'écrit : « A l'Écluse, sur le Thorion, j'ai trouvé une ruine cachée au milieu des rochers et des bois. Des pans de murs de 1$^m$40 d'épaisseur sont ensevelis sous les mousses, les troncs d'arbres pourris et les sables déposés par les débordements du Thorion; c'est un vrai nid de serpents. J'ai d'autant plus regretté de n'en pouvoir reconstruire le plan, que la chapelle, disent les chroniques de l'ordre, offrait une réduction fidèle de l'église de Grandmont. L'Écluse fut fondé par Hugues de Lusignan, comte de la Marche, et les historiens de Grandmont disent, qu'il y mourut vers 1208, revêtu du froc de leur ordre. Mais M. L. Delisle dit que Hugues ne fut jamais moine de Grandmont, et qu'il mourut le casque en tête en 1219, au siége de Damiette (*Bibl. de l'École des Chartes*, t. XVII, page 537). »

86. Entrefins est dans la commune d'Adriers, canton de l'Isle-Jourdain (Vienne).

90. Le prieuré de Fay ou des Deux-Fays se trouvait dans la commune de Fay-en-Montagne (Jura).

94. Fontblanche. M. Babinet de Rencogne a publié en 1875, dans les *Mémoires de la Société de statistique des Deux-Sèvres,* des documents sur le prieuré de Notre-Dame de Fontblanche.

106. La Hubaudière fut fondée par Bouchard IV, qui fut comte de Vendôme de 1192 à 1202, et par Hugues de Chaumont, seigneur d'Amboise. La fondation fut augmentée en 1206 par Jean, comte de Vendôme, et par Sulpice III d'Amboise (M. l'abbé Charles).

112. Loubert est sur la Charente, dans la commune de ce nom, canton de Saint-Claud (Charente).

118. Montsarges. Lisez : *Prioratus de Monteranicis.*

124. Au lieu de Pétilleux, lisez : Pétilloux, Puy-Tilloux.

143. Trézen. M. Guibert donne la description suivante des ruines de ce prieuré : «A Trézen, village de la commune de Billanges (Haute-Vienne), à cent cinquante mètres de la limite du département de la Creuse, dans un pays sauvage et désert, j'ai trouvé une chapelle incontestablement du XIIe siècle, dont voici le plan et la vue. Bien que les chroniques disent cette maison. fondée en 1205, par Aimery de Rochechouart, je crois qu'elle existait à une époque antérieure, peut-être même du temps de Saint-Étienne.

« La chapelle est un rectangle de 11$^m$70 de long sur 4$^m$80 de large ; trois fenêtres, de hauteur inégale, ajourent le pignon qui regarde l'orient; à l'autre pignon est adossée une construction, reste de la celle primitive. Dans cette construction la simplicité devient de la rudesse. Il n'y a

d'autres moulures qu'une baguette continue autour de la
porte et des fenêtres. A l'intérieur, les murs sont nus et
surmontés d'une corniche formée d'un simple tore. On ne

Abside de la chapelle de Trézen.

peut remarquer qu'une crédence, près de la place de l'au-
tel. La voûte, probablement en bois, a été remplacée par
une toiture moderne, et la chapelle a été divisée pour
servir d'étable et de forge. Le bâtiment attenant présente
une porte rectangulaire et une fenêtre plus large que
haute, qui donne à l'ensemble l'aspect d'une prison. On

ne trouve nulle trace d'un cloître ni d'une maison prio-
rale. Cette celle, très-pauvre, n'eut jamais que trois ou
quatre religieux et avait perdu sa conventualité avant 1317.

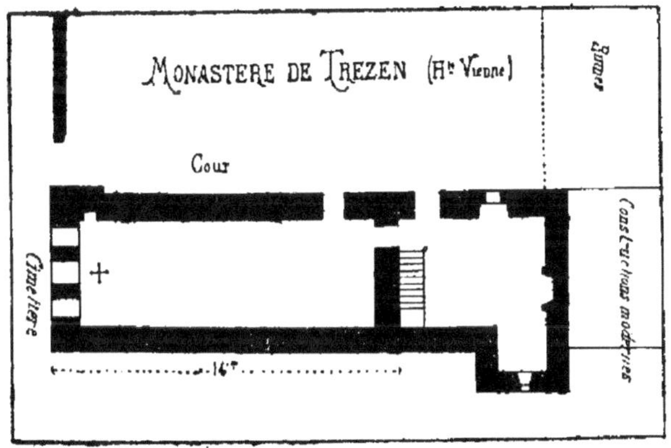


« Un tombeau ancien, sans inscription, sert, placé
debout, de pied-droit à la porte de la cour; il est cruci-
forme, à toit incliné, et porte sur ses parois des ornements
peu saillants ressemblant à des fleurs de lis. »

152. STELLA doit être la forme latine d'Estella, ville de
Navarre, du diocèse de Pampelune.

154. Lisez : DRULHIA et non *Dralhia.*

157. Aurea ventosa est probablement la même maison
que Combe Romal, nᵒ 81.

160. Lisez : HENTRUA, non *Heutrua.*